Olaoluwa Ige
Adewumi Otonne

Les déterminants de la rentabilité des banques

Olaoluwa Ige
Adewumi Otonne

Les déterminants de la rentabilité des banques

Une analyse comparative des déterminants de la rentabilité des banques commerciales et de microfinance au Nigeria

ScienciaScripts

Imprint

Any brand names and product names mentioned in this book are subject to trademark, brand or patent protection and are trademarks or registered trademarks of their respective holders. The use of brand names, product names, common names, trade names, product descriptions etc. even without a particular marking in this work is in no way to be construed to mean that such names may be regarded as unrestricted in respect of trademark and brand protection legislation and could thus be used by anyone.

Cover image: www.ingimage.com

This book is a translation from the original published under ISBN 978-620-2-52053-9.

Publisher:
Sciencia Scripts
is a trademark of
Dodo Books Indian Ocean Ltd., member of the OmniScriptum S.R.L Publishing group
str. A.Russo 15, of. 61, Chisinau-2068, Republic of Moldova Europe
Printed at: see last page
ISBN: 978-620-0-86410-9

Contenu

1. INTRODUCTION

Le principal objectif des organisations commerciales, y compris des banques, est de réaliser des bénéfices (Adeusi, Kolapo & Aluko, 2014). Cet objectif est la pierre angulaire d'autres objectifs tels que la maximisation de la richesse des actionnaires, etc. Selon Adeusi, Kolapo & Aluko (2014), la force de toute banque est liée à sa rentabilité. En conséquence, les dirigeants des banques au Nigeria considèrent la réalisation de bénéfices comme une nécessité non seulement pour l'entreprise, mais aussi pour l'économie dans son ensemble. Le système bancaire du Nigeria, qui fait partie du secteur financier, se compose de différentes banques telles que les banques commerciales et les banques de micro-finance, et ces banques et le secteur financier en général contribuent au développement économique de la nation par la mobilisation de fonds pour les investissements, la réduction de la pauvreté, etc. (Levine, Loayza, & Beck, 2000). (Levine, Loayza, & ; Beck, 2000). Selon Osuagwu (2014), la rentabilité des banques, tant au niveau microéconomique

que macroéconomique, est un ingrédient important pour le développement du secteur financier. Au niveau microéconomique, une rentabilité plus élevée réduit l'exposition des banques aux chocs externes et à la fragilité, tandis qu'au niveau macroéconomique, une rentabilité plus élevée génère un secteur financier fort et formidable qui peut faciliter la croissance et le développement de l'économie.

Dans le but de promouvoir l'amélioration du bilan, de renforcer la capacité à faire des bénéfices et la stabilité des banques au Nigeria, les régulateurs du système financier ont introduit diverses mesures politiques telles que l'augmentation du capital social minimum des banques commerciales et de microfinance afin de réformer le secteur financier (Aburime, 2008). Malheureusement, l'impact de ces réformes sur la rentabilité du secteur bancaire n'est pas clair, car des études montrent que ces réformes ont des effets mitigés sur les banques au Nigeria. De plus, Bhavish, Ayush, Sheereen, & Hema, (2017) ont noté que les banques sont influencées par des facteurs à la fois internes et externes. Ils ont identifié les facteurs internes comme le ratio de fonds propres, la taille des banques, la taille des dépôts, etc., tandis que les facteurs externes comprennent le produit intérieur brut, le taux de change, le taux d'intérêt, etc. Ces facteurs affectent la rentabilité des banques, qui à son tour affecte le développement du secteur financier et par conséquent la croissance de l'économie. Ces facteurs affectent la rentabilité des banques, qui à leur tour affectent le développement du secteur financier et par conséquent la croissance de l'économie. En raison de l'importance cruciale de la rentabilité des banques pour l'économie, des études ont tenté d'explorer le facteur déterminant de la rentabilité des banques en utilisant différentes techniques. Ces études comprennent Ani, Ugwunta & Imo (2012), Babalola (2012), Adeusi, Kolapo & Adewale (2014), et Akani & Lucky (2015) qui ont examiné les déterminants de la rentabilité des banques commerciales tandis que Katuka & Mavhunda (2016) ont examiné les déterminants de la rentabilité des banques de micro-finance. Ils ont tous trouvé divers facteurs significatifs qui influencent la rentabilité du secteur bancaire. Cependant, davantage d'études ont examiné le cas des banques commerciales que celui des banques de micro-finance, ce qui implique que la littérature a largement négligé les études sur les déterminants de la rentabilité des banques de micro-finance, laissant une pénurie de littérature à combler.

La motivation de cette étude repose sur le manque de littérature sur les déterminants de la rentabilité au Nigeria d'une part et sur la récente action politique de la Banque centrale sur le Nigeria pour augmenter le ratio de liquidité de 22,5% à 27,5% d'autre part. Il n'est pas clair empiriquement quel est l'effet de cette action politique sur la rentabilité des banques. C'est pourquoi, dans ce document, nous faisons progresser l'ensemble des connaissances grâce aux contributions suivantes. Tout d'abord, nous avons examiné le déterminant de la rentabilité des banques de microfinance au Nigeria, qui a été ignoré dans la littérature. La plupart des études se sont concentrées sur les banques commerciales, d'où la nécessité d'examiner également la banque de microfinance à la lumière de l'importance de cette institution pour le développement national afin d'élargir le champ des connaissances en ce qui concerne le système financier nigérian. Deuxièmement, cette étude a examiné de manière comparative les déterminants de la rentabilité des banques commerciales et des banques de microfinance. Cela permet d'avoir une vue globale des déterminants de la rentabilité du système bancaire puisque les banques commerciales et de microfinance sont les plus importantes du système financier nigérian. Cela permet en outre de concevoir des politiques susceptibles d'améliorer la rentabilité du secteur bancaire. Troisièmement, nous essayons d'examiner l'effet de l'action politique de la Banque centrale sur la rentabilité des banques commerciales et de microfinance.

Ce document se concentre donc sur l'analyse comparative des déterminants de la rentabilité dans le système bancaire du Nigeria en utilisant des banques commerciales et de microfinance sélectionnées dans une analyse de données de panel. Le reste de cette étude est divisé en cinq chapitres. Après cette introduction, la deuxième section comporte l'examen de la littérature, tandis que la troisième section stipule la méthodologie de recherche et l'élaboration d'hypothèses. La quatrième section présente les résultats et la discussion. La cinquième section conclut l'étude en présentant les implications politiques pertinentes.

2. ANALYSE DE LA LITTÉRATURE

2.1 Rentabilité et déterminants de la rentabilité

La rentabilité est le niveau auquel une organisation ou des activités commerciales génèrent un gain financier. Il s'agit de la capacité de l'entreprise à réaliser des bénéfices ou à rentabiliser ses ventes et ses investissements. Les chercheurs adoptent souvent l'analyse des ratios pour mesurer la performance des entreprises. Les ratios de rentabilité sont utilisés pour examiner la capacité de l'entreprise à réaliser des bénéfices pendant une période donnée (Ezejiofor, Nwakoky & Okoye, 2016). Les ratios de rentabilité couramment utilisés dans la littérature existante sont les suivants :

Le ratio cours/bénéfices (P/E) est une mesure de la rentabilité basée sur le marché qui évalue le cours de l'action/valeur marchande des capitaux propres par le bénéfice par action de l'entreprise. Il est calculé comme suit :

Rapport P/E (Price per share-earnings per share ratio) = Prix du marché par action/bénéfice par action.

Le bénéfice par action représente la capacité de l'entreprise à générer des rendements sur les capitaux propres de l'entreprise. Il s'agit de la proportion des actions de l'entreprise qui rapporte et peut être calculé comme suit

EPS (Earning Per share) = Bénéfice net après impôt attribuable aux actionnaires/actions en circulation

Le rendement des actifs (ROA) est le revenu net de l'année divisé par le total des actifs, généralement la valeur moyenne sur l'année. Il est calculé comme suit :

ROE (Return on Equity) = Bénéfice net après impôts/fonds propres.

Le rendement des capitaux propres (ROE) est une mesure interne de la rentabilité en termes de valeur actionnariale, et c'est de loin la mesure la plus populaire de la rentabilité totale d'une entreprise. Il est calculé comme suit :

ROA (Return on asset) = Bénéfice net après impôts/actif total.

2.2 Déterminants de la rentabilité

Les déterminants de la rentabilité peuvent être divisés en déterminants internes et externes. Les déterminants internes sont également appelés déterminants spécifiques à l'entreprise ou micro-déterminants. Ces déterminants sont ancrés dans les états financiers (c'est-à-dire le bilan et le compte de résultat) de l'entreprise, ce qui rend difficile leur évaluation en surface (Iloska, 2014). Les déterminants internes comprennent des facteurs tels que la liquidité, la gestion des risques, l'adéquation des fonds propres, l'efficacité opérationnelle, la gestion des dépenses, la qualité et la taille des actifs, entre autres. Ces facteurs sont sous le contrôle total de l'entreprise. Les déterminants externes sont les facteurs qui sont externes à l'exploitation de l'entreprise mais qui ont directement ou indirectement une influence significative sur la performance de l'entreprise. Ils sont également appelés les déterminants macroéconomiques, car l'entreprise n'a aucun contrôle sur ces facteurs. Les facteurs externes comprennent la masse monétaire, le taux d'inflation, les taux d'intérêt et la croissance du produit intérieur brut (PIB).

2.3 Examen empirique

Dans le cadre des études existantes, les études empiriques liées à la présente étude peuvent être classées en deux grandes catégories : les études qui examinent les déterminants généraux de la rentabilité des banques et les études qui analysent et comparent les banques avec d'autres banques ou organisations différentes. En ce qui concerne les déterminants de la rentabilité des banques, Ani, Ugwunta a & Imo (2012) étudié les déterminants de la rentabilité des banques au Nigeria en utilisant quinze banques de dépôts. Les auteurs délimitent les banques de l'échantillon en banques qui étaient indépendantes et en banques qui ont conservé leur nom de marque après la consolidation bancaire de 2005. L'étude a utilisé une technique de régression multiple et a constaté que la taille des banques avait un effet négatif important sur leur rentabilité. Cependant, la composition des actifs affecte significativement et positivement la rentabilité des banques alors que seule l'adéquation des fonds propres montre une corrélation positive avec la rentabilité. De même, Babalola (2012) a examiné les déterminants de la rentabilité des banques au Nigeria en utilisant des facteurs macroéconomiques et spécifiques aux banques avec la technique de régression multiple. L'étude a révélé que l'adéquation des fonds propres est le seul déterminant significatif de la rentabilité des banques à court terme au Nigeria, tandis que la taille et la tangibilité de la banque sont les déterminants significatifs de la rentabilité des banques à long terme au Nigeria.

Adeusi, Kolapo & Adewale (2014) ont étudié les facteurs qui influencent la rentabilité des banques commerciales au Nigeria. L'étude a utilisé une analyse de régression de pool des moindres carrés ordinaires pour examiner l'importance des facteurs. L'étude a échantillonné quatorze banques en quatorze ans et a mesuré la rentabilité avec le rendement des actifs alors que les facteurs examinés sont le ratio d'adéquation des fonds propres, la qualité des actifs, l'efficacité de la gestion, le ratio de liquidité, l'inflation et la croissance économique. L'étude a montré que les facteurs déterminants de la rentabilité des banques commerciales sont la qualité des actifs, l'efficacité de la gestion et la croissance économique, en utilisant des modèles à effets fixes et aléatoires. L'étude a également observé que dans tous les modèles, la qualité des actifs reste un déterminant significatif de la rentabilité. Ainsi, l'étude a conclu que la qualité des actifs et le risque de crédit sont des déterminants majeurs de la rentabilité des banques commerciales.

Akani & Lucky (2015) ont examiné l'impact du ratio d'adéquation des fonds propres sur la rentabilité des banques commerciales au Nigeria, après avoir observé que l'adéquation des fonds propres a été identifiée comme l'un des principaux déterminants de la rentabilité. Dans le but d'examiner la relation dynamique à long terme entre le ratio d'adéquation des fonds propres et la rentabilité, l'étude a utilisé les techniques de co-intégration de Johansen dans le modèle de correction vectorielle des erreurs (VECM) et le test de causalité de Granger. L'étude a mesuré la rentabilité avec le rendement de l'actif (ROA), le rendement des investissements (ROI) et le rendement des fonds propres (ROE) et a mesuré l'adéquation des fonds propres avec le ratio capital ajusté/actif à risque (ACRR), le ratio capital/dépôts (CTD), le ratio capital/prêts et avances nets (CNLAR), le ratio capital/actif à risque (CRA) et le ratio capital/actif total (CTAR). Elle a constaté qu'il existe une relation dynamique significative et positive à long terme entre le rendement de l'actif d'une part et le ratio capital/actif à risque et le ratio capital/dépôts d'autre part. L'étude a observé que d'autres indicateurs de l'adéquation des fonds propres sont négativement corrélés avec la rentabilité. Enfin, l'étude a établi une causalité à double sens entre le rendement de l'actif et le ratio capital/actif à risque ajusté ainsi qu'entre le rendement de l'actif et le ratio capital/prêts et avances nets.

Katuka & Mavhunda (2016) ont examiné les déterminants de la rentabilité des banques de microfinance au Zimbabwe. L'étude a utilisé la technique de régression multiple ordinaire des moindres carrés et a constaté que le rendement des actifs, qui est le déterminant de la rentabilité, est déterminé par des variables microéconomiques et politiques. Plus précisément, le ratio coût-efficacité, le ratio coût-emprunteur et l'indice d'instabilité politique déterminent de manière significative la rentabilité des banques de microfinance au Zimbabwe. À l'inverse, l'étude a montré que le ratio dettes/fonds propres, la croissance du réseau de succursales et la croissance des amortissements ne sont pas significatifs pour expliquer la rentabilité des banques. En outre, la volatilité totale des prêts est élevée pour les banques de microfinance, mais l'actif total affiche des tendances à la hausse. L'étude a conclu que les banques de microfinancement doivent surveiller fréquemment et étroitement le ratio coût/emprunteur.

En termes de comparaison de la rentabilité, Boston (2005) a effectué, après la crise financière est-asiatique, une analyse comparative de la rentabilité des banques nationales et étrangères en Thaïlande avec des données de panel au niveau micro. L'étude a utilisé une méthode de régression interbancaire commune et a constaté que toutes les banques de la région avaient amélioré leurs performances depuis la fin de la crise financière. Les principales conclusions de l'étude montrent que les banques étrangères ont obtenu de meilleurs résultats que les banques nationales en termes de rentabilité, avec une marge importante. L'auteur a conclu que la meilleure performance des banques étrangères par rapport aux banques thaïlandaises était le résultat de l'efficacité relative des programmes de restructuration financière de ces banques étrangères. Muhamad, Mohd a & Edina

(2013) examiné l'effet des variables macroéconomiques et spécifiques aux banques sur la performance en termes de rentabilité des banques islamiques et conventionnelles en Malaisie. L'étude a porté sur un échantillon de dix-sept banques conventionnelles contre treize banques islamiques sur une période de cinq ans. Selon l'analyse des moindres carrés ordinaires regroupés, l'étude a montré que les déterminants de la rentabilité sont le ratio de liquidité et les variables macroéconomiques. En utilisant le modèle à effet aléatoire, l'étude a montré que le ratio de liquidité est le seul déterminant de la rentabilité. Inversement, en utilisant le modèle à effet fixe, l'étude a trouvé que la variable macroéconomique ainsi que le type de banque sont les principaux déterminants de la rentabilité. En comparaison, l'étude a noté que les banques islamiques sont plus rentables que les banques conventionnelles en Malaisie.

De même, Muda, Shaharuddin & Embaya (2013) ont comparé le facteur déterminant de la rentabilité des banques islamiques nationales avec les banques islamiques étrangères dans la même Malaisie. L'étude a utilisé la technique des moindres carrés généralisés (GLS) avec des données de panel non équilibrées de dix-sept banques islamiques. Ces banques échantillonnées ont été divisées en banques nationales et étrangères. L'étude a révélé que les facteurs de rentabilité diffèrent entre les banques islamiques nationales et étrangères. Elle a établi que les prêts, les frais généraux, l'efficacité, le taux de croissance du produit intérieur brut et la taille des banques sont les principaux déterminants de la rentabilité des banques nationales en Malaisie, tandis que le PIB par habitant est le seul déterminant significatif de la rentabilité des banques étrangères. Cependant, les dépôts bancaires, les réserves de capital, l'inflation et l'âge des banques sont des déterminants importants de la rentabilité des banques nationales et étrangères en Malaisie. En outre, l'étude a montré que les banques islamiques étrangères sont moins rentables que les banques islamiques nationales. L'étude a conclu que la crise financière mondiale affecte la rentabilité des banques islamiques nationales mais pas celle des banques islamiques étrangères.

Alnaa, Adongo & Juabin (2016) ont observé que la mise en œuvre du programme d'ajustement du secteur financier a permis à un nombre important de banques étrangères d'entrer au Ghana. Cette affluence a créé une concurrence intense au sein du secteur bancaire du pays. Ainsi, l'étude a cherché à comparer la rentabilité des performances des banques étrangères et nationales au Ghana en utilisant trois banques nationales et trois banques étrangères. Afin de bien saisir la rentabilité de ces banques, l'étude a utilisé le rendement des actifs (ROA), l'adéquation des capitaux (CA), le rendement des fonds propres (ROE) et l'efficacité de la gestion (ME) comme mesures de la rentabilité des banques. L'étude a révélé que les banques étrangères ont obtenu de meilleurs résultats que les banques nationales en termes de rendement des actifs, d'adéquation des fonds propres et de rendement des capitaux propres, tandis que les banques locales/nationales ont obtenu de meilleurs résultats que les banques étrangères sur presque toute la période étudiée uniquement en termes d'efficacité de la gestion. Par conséquent, l'étude a conclu que les banques étrangères ont surpassé les banques locales au cours de la période étudiée au Ghana. De même, Ezejiofor, Nwokoby & Okoye (2016) évaluent comparativement la décision d'investissement des entreprises manufacturières et des banques commerciales au Nigeria. L'étude a utilisé une conception de recherche ex-post facto et de séries chronologiques et a analysé les données avec des statistiques de ratios financiers et de tests t. En particulier, l'étude a évalué les ratios d'endettement, le ratio de couverture des dividendes et le ratio de rentabilité des banques commerciales et des entreprises manufacturières afin de déterminer s'ils sont significativement différents les uns des autres. L'étude a révélé que la rentabilité des banques commerciales est significativement différente de la rentabilité des entreprises manufacturières. L'étude a également observé qu'il existe des différences significatives entre le ratio d'endettement et le ratio de couverture des dividendes des banques commerciales et des entreprises manufacturières. L'étude a conclu que plus une organisation est solvable, moins sa rentabilité est élevée et que les entreprises manufacturières ont un meilleur retour sur investissement que les banques commerciales. Ainsi, aucune étude connue n'a examiné la performance comparative des banques commerciales et des banques de microfinance au niveau local et ailleurs. En raison du manque d'études sur le sujet, cette étude a cherché à examiner l'hypothèse générale d'une absence de différence significative dans la rentabilité des banques commerciales et de microfinance au Nigeria.

3. LES MÉTHODES DE RECHERCHE

En raison de la nature de l'ensemble de données, l'étude a utilisé une donnée secondaire. Les variables utilisées dans l'étude sont dérivées d'un modèle CAMEL simplifié (les cinq composantes du modèle de condition d'une banque : Adéquation des fonds propres, qualité des actifs, gestion, bénéfices et liquidité) afin de saisir les déterminants internes et les variables macroéconomiques en tant que déterminants externes. Ainsi, les séries de données proviennent des états financiers des banques sélectionnées et du bulletin statistique de la banque centrale (2018). L'étude a utilisé une analyse de données de panel allant de 2010 à 2018. Le tableau 1 présente les banques sélectionnées pour l'étude. Ces banques sont sélectionnées parmi une population de 22 banques commerciales et de 898 banques de microfinance, en fonction de la disponibilité des données et de la taille des banques.

D'après <u>Sufian, Kamaruin & Noor (2012), le</u> modèle de régression de l'étude s'écrit comme suit :

$$ROA = \alpha_0 + \alpha_1 LQR + \alpha_2 CAR_{LPG} + \alpha_3 RGDP + \varepsilon$$

Où :

ROA = Return on Asset, une mesure de la rentabilité.

LIQ = Le ratio de liquidité mesure les facteurs internes

CAR = Le ratio d'adéquation des fonds propres mesure les facteurs internes

Le PIB réel mesure les facteurs externes

α_0 est l'interception, α_i est un coefficient de régression et ε est un terme d'erreur.

La variable de rentabilité présentée dans cette étude est le rendement des actifs (ROA). Ce ratio mesure la capacité de la banque à générer des profits à partir de ses actifs. Il est calculé en divisant les bénéfices nets par le total des actifs. C'est-à-dire ; $ROA = \dfrac{\text{Bénéfice net}}{\text{Actif total}}$

Les variables internes de l'étude comprennent deux ratios : Le ratio de liquidité et le ratio d'adéquation des fonds propres. Le ratio de liquidité est caractérisé par le rapport entre le total des prêts et le total des actifs. C'est-à-dire ; $R = \dfrac{\text{Total des prêts}}{\text{Actif total}}$.

Un ratio de liquidité plus élevé signifie que les banques possèdent moins de liquidités et donc augmente le rendement et la rentabilité attendus.

Le ratio d'adéquation des fonds propres est mesuré en prenant le rapport entre le total des fonds propres et le total des actifs. C'est-à-dire ; $CAR = \dfrac{\text{Total des fonds propres}}{\text{Actif total}}$

Les banques qui possèdent un ratio de fonds propres élevé ont tendance à être plus rentables, beaucoup plus sûres en cas de liquidation et ont également moins besoin de financement externe. Ainsi, le ratio d'adéquation des fonds propres influence positivement la rentabilité. En outre, afin d'isoler l'effet des caractéristiques de la banque sur la rentabilité, le PIB réel en tant qu'indicateur de caractéristique macroéconomique est inclus dans le modèle en tant que déterminant externe.

Tableau 1 : Échantillon sélectionné de banques commerciales et de banques de microfinance.

S/N	Banques commerciales	Banques de microfinance
1.	Access Bank plc.	Accion Microfinance Bank
2.	First Bank plc.	Banque de microfinance Lapo
3.	GTBank plc.	Fortis Microfinance Bank
4.	Zenith Bank plc.	Banque de microfinancement d'Umuchinemere

4. RÉSULTATS ET DISCUSSIONS

4.1 Statistiques descriptives

Le résumé des statistiques descriptives (sur le rendement des actifs des banques nigérianes, le ratio de liquidité, le ratio d'adéquation des fonds propres et le PIB réel) montre qu'il ne semble pas y avoir de preuves de variations significatives dans la moyenne, la médiane, le maximum et le minimum de chaque ensemble de données, tant pour les banques commerciales que pour les banques de microfinance. Comparativement, les banques de microfinance semblent avoir une valeur moyenne, médiane, minimum et maximum plus élevée que les banques commerciales, sauf pour le ratio de liquidité où les banques commerciales se sont avérées plus liquides que les banques de microfinance.

L'écart-type et la somme des carrés des écarts permettent de découvrir la variable la plus volatile. À partir du tableau, l'étude observe que le ratio de liquidité des banques et le PIBR ont l'écart-type le plus élevé ainsi que la somme des carrés la plus élevée et sont donc les variables les plus volatiles de toutes. De même, le tableau 2 montre que toutes les variables (sauf le rendement des actifs des banques et le ratio de liquidité des banques de microfinance) sont normalement distribuées puisque leurs probabilités calculées pour la distribution du khi-deux de Jacque-Bera sont significativement différentes de zéro (les probabilités sont inférieures à 0,05).

Tableau 2 : Statistiques descriptives de la rentabilité des banques commerciales et de microfinance et de ses déterminants

	Banques commerciales			Banques de microfinance			Économie
	ROA	LIQ	CAR	ROA_M	LIQ_M	CAR_M	RGDP
Moyenne	0.025926	5.274835	0.313964	0.055115	4.400639	0.280429	5.126581
Médiane	0.025548	6.201688	0.165083	0.062419	4.465369	0.225610	5.050971
Maximum	0.050318	7.708480	0.891902	0.122400	8.985559	0.645047	9.539786
Au minimum	0.001100	1.121200	0.125135	0.001336	1.550275	0.111290	2.786398
Std. Dev.	0.010402	2.356530	0.294667	0.029767	1.898378	0.150676	1.885532
Skewness	-0.029749	-0.989227	1.320090	0.165787	0.370805	1.242023	1.166450
Kurtosis	3.064568	2.367136	2.781776	2.206353	2.578494	3.573923	3.911101
Jarque-Bera	0.011564	6.472200	10.527 26	1.109725	1.091480	9.749802	9.408790
Probabilité	0.994235	0.039317	0.005176	0.574151	0.579413	0.007636	0.009055
Somme	0.933339	189.8941	11.30269	1.984124	158.4230	10.09545	184.5569
Sum Sq. Dev.	0.003787	194.3632	3.039003	0.031013	126.1344	0.794612	124.4331
Observations	36	36	36	36	36	36	36

Source : Calculs des auteurs (2020)

4.2 Résultats des tests de racine unitaire

Les résultats du test de racine unitaire sont présentés dans le tableau 3. Comme il est possible que les banques considérées soient homogènes, il est essentiel que les séries de données soient soumises au test de racine unitaire. L'étude utilise les tests ADF du panel de Fisher et Philip Perron (PP). Le test de racine unitaire du panel a été appliqué pour vérifier si les variables du modèle sont stationnaires ou non stationnaires. Les résultats montrent que la plupart des séries sont stationnaires aux niveaux utilisant le test ADF du panel de Fisher à un niveau de signification de 10 %, sauf pour le ratio de liquidité des banques de microfinance et le RGDP. Cependant, en utilisant le test PP de Fishers, le RGDP et le ratio de liquidité des banques de microfinance sont stationnaires à des niveaux avec interception et tendance à un niveau de signification de 1 %. Ces résultats montrent que les séries sont stationnaires aux niveaux révélés par les tests.

Tableau 3 : Résumé de l'essai de racine des unités du panel

Variables	Intercepter		Interception et tendances		
	ADF-Pêcheur Chi-carré	PP-Pêcheur Chi-carré	ADF-Pêcheur Chi-carré	PP-Pêcheur Chi-carré	Ordre d'intégration
ROA	11.4161	14.0951***	43.9346*	33.2977*	I(0)
LIQ	22.0871*	40.9681*	38.0288*	47.8591*	I(0)
CAR	23.5846*	39.7488*	38.0697*	47.2556*	I(0)
ROA_M	25.1000*	11.7310	31.2642*	9.01319	I(0)
LQI_M	12.3797	4.53942	22.2068*	13.3271	I(0)
CAR_M	13.9628***	4.89783	21.5611*	8.84847	I(0)
RGDP	11.8269	37.2358*	10.7519	16.5470**	I(0)

Source : Calculs des auteurs (2020)

Note : ***,**,* impliquent une signification à 1%, 5% et 10% respectivement.

4.3 Résultat du test de Hausman

Pour déterminer le modèle le plus approprié pour l'étude, le test de Hausman est utilisé. Le test de spécification de Hausman compare les estimations des estimateurs fixes et aléatoires ; avec une hypothèse nulle de modèle à effet aléatoire et une autre hypothèse d'effet fixe, le test aide à décider du modèle approprié à utiliser pour l'étude. Le résultat du test est présenté dans le tableau 4. Le résultat montre que l'hypothèse nulle d'absence d'effets individuels (effet aléatoire) a été testée par rapport à l'hypothèse alternative de la présence d'un effet individuel (effet fixe). La valeur p des statistiques du test étant inférieure à 0,05, l'hypothèse nulle n'est pas rejetée à un niveau de signification de 5 %. Cela indique que les banques de l'échantillon sont presque homogènes ; il n'est donc pas nécessaire de contrôler les différences spécifiques aux banques. C'est ce qui a motivé l'utilisation d'un modèle à effet aléatoire dans cette étude.

Tableau 4 : Test de Hausman à effet aléatoire corrélé

Résumé des tests	Statistiques sur le chi carré	Chi-Sq. d.f.	Prob.
Coupe transversale et période aléatoire	907.890146	3	0.0000
Comparaisons de tests d'effets aléatoires transversaux :			
Variable	Fixe	Aléatoire	Var(Diff.)	Prob.
LQI	-0.003639	-0.004781	-0.000001	-
CAR	-0.037964	-0.048086	0.000094	0.2973
RGDP	-0.002636	-0.002848	-0.000000	-

4.4 Résultats du modèle de panel à effets aléatoires

Après avoir établi la pertinence du modèle à effet aléatoire pour les banques, les résultats sont présentés dans le tableau 5. Les résultats montrent que le ratio de liquidité est un déterminant négatif et insignifiant de la rentabilité des banques commerciales. De même, le ratio de liquidité est un déterminant insignifiant de la rentabilité des banques de microfinance. Cependant, l'adéquation des fonds propres s'est avérée être un déterminant significatif mais négatif de la rentabilité des banques commerciales. Inversement, l'adéquation des fonds propres est un déterminant positif et significatif de la rentabilité des banques de microfinance. De même, le PIBR de l'économie est un déterminant significatif mais négatif de la rentabilité des banques commerciales. Cependant, il s'est avéré être un déterminant insignifiant du niveau de profit des banques de microfinance. Cela signifie que le ratio d'adéquation des fonds propres et le PIBR sont les seuls déterminants significatifs de la rentabilité des banques commerciales, alors que seule l'adéquation des fonds propres est un déterminant significatif de la rentabilité des banques de microfinance. Dans l'ensemble, les tests F montrent que dans les deux modèles, les paramètres estimés des variables indépendantes sont stables dans la prédiction de la variable dépendante. C'est-à-dire que le ratio de liquidité, le ratio d'adéquation des fonds propres et le produit intérieur brut réel sont conjointement des déterminants significatifs du ratio de rentabilité. Cela implique que ces variables travaillant ensemble déterminent le niveau de profit des banques. De plus, la valeur des statistiques du test de Durbin Watson (DW) indique qu'il n'y a pas de preuve de problème d'autocorrélation dans les modèles des banques commerciales et des banques de microfinance.

Plus précisément, les conclusions de l'étude montrent que la capacité de la banque à rembourser les créanciers à court terme sur le total de ses liquidités capturées par le ratio de liquidité ne détermine pas le niveau de profit des banques commerciales et de microfinance. Ceci est conforme aux conclusions d'Adeusi, Kolapo & Adewale (2014) mais à l'inverse de Muhamad, Mohd & Edina (2013) qui ont constaté que le ratio de liquidité est un déterminant important de la rentabilité. En accord avec Babalola (2012) sur le dynamisme à court terme, l'étude suggère également que la solidité financière des banques ou des institutions financières, qui mesure leur adéquation en capital, joue un rôle important dans la détermination du niveau de profit des banques commerciales. Cependant, plus le capital de ces banques commerciales est adéquat, moins ces banques sont en mesure de générer des bénéfices. Cela implique que les banques n'ont pas la capacité de transformer leur base de capital en activités utiles qui génèrent des profits. Inversement, les banques de microfinance ont été capables de transformer stratégiquement la force financière de leur banque en activités utiles qui induisent la croissance du niveau de profit.

L'influence de l'environnement commercial extérieur sur l'activité bancaire captée par le PIB réel est significative sur la banque commerciale mais insignifiante sur les banques de microfinance. La croissance du secteur réel de l'économie a un effet indésirable sur les banques commerciales qui pourrait être le produit de l'instabilité de l'environnement des affaires au Nigeria, qui se caractérise par des fluctuations du taux d'inflation, la violence et le terrorisme, l'instabilité du prix du carburant, des estimations de données peu fiables, entre autres. Les banques de microfinance, probablement en raison de leur petite taille, n'ont pas ressenti l'influence de la croissance générale de l'environnement des affaires dans le pays. Cette constatation est conforme à celle de Muda, Shaharuddin & Embaya (2013) qui ont trouvé que le PIB réel et son taux de croissance sont des déterminants importants de la rentabilité des banques nationales et étrangères.

Tableau 5 : Estimations de la régression : Modèle à effet aléatoire

Variables indépendantes	Banques commerciales		Banques de microfinance	
	Coefficients	Prob.	Coefficients	Prob.
C	0.080846*	0.0035	0.033392	0.3127
LQI	-0.004781	0.1058	-0.001396	0.6995
CAR	-0.048086**	0.0521	0.074264**	0.0961
RGDP	-0.002848**	0.0133	0.001373	0.2690
R2	0.217001	-	0.201953	-
F-Test	2.956166**	0.047137	2.699289*	0.062146
DW	1.291703	-	1.608871	-

4.5 Test de diagnostic

Afin de garantir la validité des résultats et d'examiner s'il existe une dépendance transversale dans les résultats empiriques, un test de diagnostic de la dépendance transversale a été effectué. En utilisant les tests de Breusch-Pagan LM, Pesaran LM et Pesaran CD pour vérifier l'existence d'une éventuelle dépendance croisée dans les résultats estimés. Les résultats des tests montrent que les estimations du modèle à effet aléatoire sont exemptes de dépendance transversale puisque les valeurs p du test sont supérieures à 0,05, ce qui indique que l'hypothèse nulle d'absence de dépendance transversale est rejetée tant pour les banques commerciales que pour les banques de microfinance. Ceci est présenté dans le tableau 7.

Tableau 7 : Résultats des tests de diagnostic

Test	Banques commerciales			Banques de microfinance		
	Statistiques	df	Prob	Statistiques	df	Prob
Breusch-Pagan LM	9.878326	6	0.1299	6.536052	6	0.3659
Pesaran à l'échelle LM	-0.035124		0.9720	-0.999956		0.3173
CD Pesaran	-2.209280		0.0272	1.271507		0.2035

5. CONCLUSION ET IMPLICATION POLITIQUE

Les résultats de l'étude donnent un aperçu des déterminants de la rentabilité au Nigeria et de l'effet des actions politiques du régulateur du système financier au Nigeria. Avec l'augmentation du taux de réserves de liquidités de la Banque centrale du Nigeria de 22,5% à 27,5%, et en nous basant sur les conclusions de l'étude, nous prévoyons une réduction insignifiante du profit des banques (commerciales et de microfinance) dans le secteur financier à court terme. Par conséquent, les résultats de l'étude montrent également que pour un contrôle efficace de la rentabilité des institutions financières, les actions politiques qui influencent le ratio d'adéquation des fonds propres, telles que la promotion des fusions et acquisitions, la restructuration, etc. seraient relativement plus efficaces. Par conséquent, les directions des banques commerciales et des banques de microfinance ainsi que l'autorité de régulation devraient mener des politiques qui amélioreront l'adéquation de leurs fonds propres.

RÉFÉRENCES

Aburime, T. (2008). Déterminants de la rentabilité des banques : Preuve au niveau de l'entreprise au Nigeria. *Disponible sur le site SSRN 1106825.*

Adeusi, S. O., Kolapo, F. T. &Adewale, A. O. (2014). Déterminants de la rentabilité des banques commerciales : Panel evidence from Nigeria. *International Journal of Economics, Commerce and Management,* 11(12), 1-18.

Akanni, H. W. & Lucky, L. A. (2015). Analyse économétrique des ratios d'adéquation des fonds propres et de l'impact sur la rentabilité des banques commerciales au Nigeria. *Journal of Economics and Finance,* 6(6), 11-24.

Alnaa, S. E., Adongo, J. &Juabin, M. (2016). Analyse comparative de la rentabilité des banques locales et étrangères au Ghana. *Asian Economic and Financial Review,* 6(5), 238-246.

Ani, W.U., Ugwunta, O.D. & Imo, G.I. (2012). Déterminants de la rentabilité du secteur bancaire au Nigeria : Une analyse des caractéristiques spécifiques et macroéconomiques des banques. *Elixir Finance,* 45, 7714-7719.

Asteriou, D. & Hall, S. (2007). Économétrie appliquée. 3e éd. New York, NY : Palgrave Macmillan.

Athanasoglou, P.P., Brissimis, S.N. & Delis, M.D. (2008). Déterminants de la rentabilité des banques spécifiques à une banque, à un secteur d'activité et à l'échelle macroéconomique. *Journal of International Financial Markets, Institutions and Money,* 18(2), 121-136.

Babalola, Y.A. (2012). Les déterminants de la rentabilité des banques au Nigeria. *Journal of Money, Investment and Banking,* 10(24), 6-16.

Bhavish, J., Ayush, R., Sheereen, F., & Hema, S. (2017). Qu'est-ce qui détermine la rentabilité des institutions de dépôt non bancaires : quelques preuves à Maurice. *The Journal of Developing Areas, 51*(4), 239-253.

Bobakova, I. V. (2003). Augmenter la rentabilité des banques commerciales. *BIATEC*, 11, 21-25.

Boston, S.(2005). Étude comparative des performances des banques nationales et étrangères en Thaïlande : The regression analysis. *Journal of Business and Economics*, 38(1), 63-68.

Banque centrale du Nigeria (2005). Politique de microfinance, cadre réglementaire et de surveillance pour le Nigeria. *Publication de la CBN*, Abuja.

Ekezie, E. S. (1997). *Monnaie, institutions et marchés financiers.* Onitsha : Africana-FepPublishers.

Ezejiofor, R., Nwokoby, N. P. &Okoye, J. F. (2016). Analyse comparative des décisions d'investissement de certaines entreprises manufacturières et banques commerciales au Nigeria. *International Journal in Management and Social Science*, 4(8), 193- 218.

Famakinwa, S., Oduniyi, M., Aminu, A., Obike, U &Ugwu, E. (2004). Shape of Banks to Come (2) : The Soludo Solution. *Aujourd'hui,* 12 juillet, 10(3367).

Gujarati, D. N. & Porter, D. C. (2009). *Économétrie de base*. 5e éd. Boston, Mass : McGraw-Hill.

Iloska N. (2014). Une analyse de la rentabilité des banques en Macédoine. *Journal of applied Economics and Business, 2*(1), 31-50.

Katuka, B. & Mavhunda, R. (2016). Les déterminants de la rentabilité dans le secteur de la microfinance : Cas du Zimbabwe (2010-2014). *Journal of Global Economy,* 12(4), 219-241.

Levine, R., Loayza, N. et Beck, T. (2000). Intermédiation financière et croissance : Causalité et causes. *Journal of monetary Economics, 46*(1), 31-77.

Muda, M., Shaharuddin, A. &Embaya, A. (2013). Analyse comparative des déterminants de la rentabilité des banques islamiques nationales et étrangères en Malaisie. *International Journal of Economics and Financial Issues,* 3(3), 559-569.

Muhamad, A., Mohd, A. O. & Edina, M. (2013). Les déterminants de la rentabilité des banques islamiques et conventionnelles en

Malaisie : A panel regression approach. *Terengganu International Finance and Economics Journal*, 3(1), 1-7.

Osuagwu, E. (2014). Déterminants de la rentabilité des banques au Nigeria. *International Journal of Economics and Finance*, 6(12).

Sufian, F., Kamarudin, F., & Noor, N. (2012). Déterminants de l'efficacité des revenus dans le secteur bancaire islamique malaisien. *Journal de l'Université du Roi Abdulaziz*, 25(2), 195-224.

Yakubu M.U. (2008). L'impact du pétrole sur l'économie du Nigeria : Les cycles d'expansion et de ralentissement. *CBN Bulletin*, 32(2).

I want morebooks!

Buy your books fast and straightforward online - at one of world's fastest growing online book stores! Environmentally sound due to Print-on-Demand technologies.

Buy your books online at
www.morebooks.shop

Achetez vos livres en ligne, vite et bien, sur l'une des librairies en ligne les plus performantes au monde!
En protégeant nos ressources et notre environnement grâce à l'impression à la demande.

La librairie en ligne pour acheter plus vite
www.morebooks.shop

KS OmniScriptum Publishing
Brivibas gatve 197
LV-1039 Riga, Latvia
Telefax: +371 686 204 55

info@omniscriptum.com
www.omniscriptum.com

Printed by Books on Demand GmbH, Norderstedt / Germany